Autores varios

Constitución de la Nación Argentina de 1994

Barcelona 2024
Linkgua-ediciones.com

Créditos

Título original: Constitución de la Argentina de 1994.

© 2024, Red ediciones S.L.

e-mail: info@linkgua.com

Diseño de cubierta: Michel Mallard.

ISBN rústica ilustrada: 978-84-9816-116-8.
ISBN ebook: 978-84-9897-599-4.

Sumario

Constitución de la Nación Argentina

22 de agosto de 1994

Preámbulo

Nos los representantes del pueblo de la Nación Argentina, reunidos en Congreso General Constituyente por voluntad y elección de las provincias que la componen, en cumplimiento de pactos preexistentes, con el objeto de constituir la unión nacional, afianzar la justicia, consolidar la paz interior, proveer la defensa común, promover el bienestar general, y asegurar los beneficios de la libertad, para nosotros, para nuestra posteridad, y para todos los hombres del mundo que quieran habitar en el suelo argentino: invocando la protección de Dios, fuente de toda razón y justicia: ordenamos, decretamos y establecemos esta Constitución, para la Nación Argentina.

Primera parte

Capítulo primero. Declaraciones, derechos y garantías

Artículo 1.º La Nación Argentina adopta para su gobierno la forma representativa republicana federal, según la establece la presente Constitución.

Artículo 2.º El Gobierno federal sostiene el culto católico apostólico romano.

Artículo 3.º Las autoridades que ejercen el Gobierno federal, residen en la ciudad que se declare Capital de la República por una ley especial del Congreso, previa cesión hecha por una o más legislaturas provinciales, del territorio que haya de federalizarse.

Artículo 4.º El Gobierno federal provee a los gastos de la Nación con los fondos del Tesoro nacional formado del producto de derechos de importación y exportación, del de la venta o locación de tierras de propiedad nacional, de la renta de Correos, de las demás contribuciones que equitativa y proporcionalmente a la población imponga el Congreso General, y de los empréstitos y operaciones de crédito que decrete el mismo Congreso para urgencias de la Nación, o para empresas de utilidad nacional.

Artículo 5.º Cada provincia dictará para sí una Constitución bajo el sistema representativo republicano, de acuerdo con los principios, declaraciones y garantías de la Constitución Nacional; y que asegure su administración de justicia, su régimen municipal, y la educación primaria. Bajo de estas condiciones el Gobierno federal, garante a cada provincia el goce y ejercicio de sus instituciones.

Artículo 6.º El Gobierno federal interviene en el territorio de las provincias para garantir la forma republicana de gobierno, o repeler invasiones exteriores, y a requisición de sus autoridades constituidas para sostenerlas o restablecerlas, si hubiesen sido depuestas por la sedición, o por invasión de otra provincia.

Artículo 7.º Los actos públicos y procedimientos judiciales de una provincia gozan de entera fe en las demás; y el Congreso puede por leyes generales determinar cuál será la forma probatoria de estos actos y procedimientos, y los efectos legales que producirán.

Artículo 8.º Los ciudadanos de cada provincia gozan de todos los derechos, privilegios e inmunidades inherentes al título de ciudadano en las demás. La extradición de los criminales es de obligación recíproca entre todas las provincias.

Artículo 9.º En todo el territorio de la Nación no habrá más aduanas que las nacionales, en las cuales regirán las tarifas que sancione el Congreso.

Artículo 10. En el interior de la República es libre de derechos la circulación de los efectos de producción o fabricación nacional, así como la de los géneros y mercancías de todas clases, despachadas en las aduanas exteriores.

Artículo 11. Los artículos de producción o fabricación nacional o extranjera, así como los ganados de toda especie, que pasen por territorio de una provincia a otra, serán libres de los derechos llamados de tránsito, siéndolo también los carruajes, buques o bestias en que se transporten; y ningún otro derecho podrá imponérseles en adelante, cualquiera que sea su denominación, por el hecho de transitar el territorio.

Artículo 12. Los buques destinados de una provincia a otra, no serán obligados a entrar, anclar y pagar derechos por causa de tránsito, sin que en ningún caso puedan concederse preferencias a un puerto respecto de otro, por medio de leyes o reglamentos de comercio.

Artículo 13. Podrán admitirse nuevas provincias en la Nación; pero no podrá erigirse una provincia en el territorio de otra u otras, ni de varias formarse una sola, sin el consentimiento de la Legislatura de las provincias interesadas y del Congreso.

Artículo 14. Todos los habitantes de la Nación gozan de los siguientes derechos conforme a las leyes que reglamenten su ejercicio; a saber: de trabajar y ejercer toda industria lícita; de navegar y comerciar; de peticionar a las autoridades; de entrar, permanecer, transitar y salir del territorio argentino; de publicar sus ideas por la prensa sin censura previa; de usar y disponer de su propiedad; de asociarse con fines útiles; de profesar libremente su culto; de enseñar y aprender.

Artículo 14. bis. El trabajo en sus diversas formas gozará de la protección de las leyes, las que asegurarán al trabajador: condiciones dignas y equitativas de labor; jornada limitada; descanso y vacaciones pagados; retribución justa; salario mínimo vital móvil; igual remuneración por igual tarea; participación en las ganancias de las empresas, con control de la producción y colaboración en la dirección; protección contra el despido arbitrario; estabilidad del empleado público; organización sindical libre y democrática, reconocida por la simple inscripción en un registro especial.

Queda garantizado a los gremios: concertar convenios colectivos de trabajo; recurrir a la conciliación y al arbitraje; el derecho de huelga. Los representantes gremiales gozarán de las garantías necesarias para el cumplimiento de su gestión sindical y las relacionadas con la estabilidad de su empleo.

El Estado otorgará los beneficios de la seguridad social, que tendrá carácter de integral e irrenunciable. En especial, la ley establecerá: el seguro social obligatorio, que estará a cargo de entidades nacionales o provinciales con autonomía financiera y económica, administradas por los interesados con participación del Estado, sin que pueda existir superposición de aportes; jubilaciones y pensiones móviles; la protección integral de la familia; la defensa del bien de familia; la compensación económica familiar y el acceso a una vivienda digna.

Artículo 15. En la Nación Argentina no hay esclavos: los pocos que hoy existen quedan libres desde la jura de esta Constitución; y una ley especial reglará las indemnizaciones a que dé lugar esta declaración. Todo contrato de compra y venta de personas es un crimen de que serán responsables los que lo celebrasen, y el escribano o funcionario que lo autorice. Y los esclavos que de cualquier modo se introduzcan quedan libres por el solo hecho de pisar el territorio de la República.

Artículo 16. La Nación Argentina no admite prerrogativas de sangre, ni de nacimiento: no hay en ella fueros personales ni títulos de nobleza. Todos sus habitantes son iguales antes la ley, y admisibles en los empleos sin otra condición que la idoneidad. La igualdad es la base del impuesto y de las cargas públicas.

Artículo 17. La propiedad es inviolable, y ningún habitante de la Nación puede ser privado de ella, sino en virtud de sentencia fundada en ley. La expropiación por causa de utilidad pública, debe ser calificada por ley y previamente indemnizada. Solo el Congreso impone las contribuciones que se expresan en el **Artículo 4.º** Ningún servicio personal es exigible, sino en virtud de ley o de sentencia fundada en ley. Todo autor o inventor es propietario exclusivo de su obra, invento o descubrimiento, por el término que le acuerde la ley. La confiscación de bienes queda borrada para siempre del Código Penal argentino. Ningún cuerpo armado puede hacer requisiciones, ni exigir auxilios de ninguna especie.

Artículo 18. Ningún habitante de la Nación puede ser penado sin juicio previo fundado en ley anterior al hecho del proceso, ni juzgado por comisiones especiales, o sacado de los jueces designados por la ley antes del hecho de la causa. Nadie puede ser obligado a declarar contra sí mismo; ni arrestado sino en virtud de orden escrita de autoridad competente. Es inviolable la defensa en juicio de la persona y de los derechos. El domicilio es inviolable, como también la correspondencia epistolar y los papeles privados; y una ley determinará en qué casos y con qué justificativos podrá procederse a su allanamiento y ocupación. Quedan abolidos para siempre la pena de muerte por causas políticas, toda especie de tormento y los azotes. Las cárceles de la Nación serán sanas y limpias, para seguridad y no para castigo de los reos detenidos en ellas, y toda medida que a pretexto de precaución conduzca a mortificarlos más allá de lo que aquélla exija, hará responsable al juez que la autorice.

Artículo 19. Las acciones privadas de los hombres que de ningún modo ofendan al orden y a la moral pública, ni perjudiquen a un tercero, están solo reservadas a Dios, y exentas de la autoridad de los magistrados. Ningún habitante de la Nación será obligado a hacer lo que no manda la ley, ni privado de lo que ello no prohibe.

Artículo 20. Los extranjeros gozan en el territorio de la Nación de todos los derechos civiles del ciudadano; pueden ejercer su industria, comercio y profesión; poseer bienes raíces, comprarlos y enajenarlos; navegar los ríos y costas; ejercer libremente su culto; testar y casarse conforme a las leyes. No están obligados a admitir la ciudadanía, ni a pagar contribuciones forzosas extraordinarias. Obtienen nacionalización residiendo dos años continuos en la Nación; pero la autoridad puede acortar este término a favor del que lo solicite, alegando y probando servicios a la República.

Artículo 21. Todo ciudadano argentino está obligado a armarse en defensa de la patria y de esta Constitución, conforme a las leyes que al efecto dicte el Congreso y a los decretos del Ejecutivo nacional. Los ciudadanos por naturalización son libres de prestar o no este servicio por el término de diez años contados desde el día en que obtengan su carta de ciudadanía.

Artículo 22. El pueblo no delibera ni gobierna, sino por medio de sus representantes y autoridades creadas por esta Constitución. Toda fuerza armada o reunión de personas que se atribuya los derechos del pueblo y peticione a nombre de éste, comete delito de sedición.

Artículo 23. En caso de conmoción interior o de ataque exterior que pongan en peligro el ejercicio de esta Constitución y de las autoridades creadas por ella, se declarará en estado de sitio la provincia o territorio en donde exista la perturbación del orden, quedando suspensas allí las garantías constitucionales. Pero durante esta suspensión no podrá el presidente de la República condenar por sí ni aplicar penas. Su poder se limitará en tal caso respecto de las personas, a arrestarlas o trasladarlas de un punto a otro de la Nación, si ellas no prefiriesen salir fuera del territorio argentino.

Artículo 24. El Congreso promoverá la reforma de la actual legislación en todos sus ramos, y el establecimiento del juicio por jurados.

Artículo 25. El Gobierno federal fomentará la inmigración europea; y no podrá restringir, limitar ni gravar con impuesto alguno la entrada en el territorio argentino de los extranjeros que traigan por objeto labrar la tierra, mejorar las industrias, e introducir y enseñar las ciencias y las artes.

Artículo 26. La navegación de los ríos interiores de la Nación es libre para todas las banderas, con sujeción únicamente a los reglamentos que dicte la autoridad nacional.

Artículo 27. El Gobierno federal está obligado a afianzar sus relaciones de paz y comercio con las potencias extranjeras por medio de tratados que estén en conformidad con los principios de derecho público establecidos en esta Constitución.

Artículo 28. Los principios, garantías y derechos reconocidos en los anteriores artículos, no podrán ser alterados por las leyes que reglamenten su ejercicio.

Artículo 29. El Congreso no puede conceder al Ejecutivo nacional, ni las Legislaturas provinciales a los gobernadores de provincia, facultades extraordinarias, ni la suma del poder público, ni otorgarles sumisiones o supremacías por las que la vida, el honor o las fortunas de los argentinos queden a merced de gobiernos o persona alguna. Actos de esta naturaleza llevan consigo una nulidad insanable, y sujetarán a los que los formulen, consientan o firmen, a la responsabilidad y pena de los infames traidores a la patria.

Artículo 30. La Constitución puede reformarse en el todo o en cualquiera de sus partes. La necesidad de reforma debe ser declarada por el Congreso con el voto de dos terceras partes, al menos, de sus miembros; pero no se efectuará sino por una Convención convocada al efecto.

Artículo 31. Esta Constitución, las leyes de la Nación que en su consecuencia se dicten por el Congreso y los tratados con las potencias extranjeras son la ley suprema de la Nación; y las autoridades de cada provincia están obligadas a conformarse a ellas, no obstante cualquiera disposición en contrario que contengan las leyes o constituciones provinciales, salvo para la provincia de Buenos Aires, los tratados ratificados después del Pacto de 11 de noviembre de 1859.

Artículo 32. El Congreso federal no dictará leyes que restrinjan la libertad de imprenta o establezcan sobre ella la jurisdicción federal.

Artículo 33. Las declaraciones, derechos y garantías que enumera la Constitución, no serán entendidos como negación de otros derechos y garantías no enumerados; pero que nacen del principio de la soberanía del pueblo y de la forma republicana de gobierno.

Artículo 34. Los jueces de las cortes federales no podrán serlo al mismo tiempo de los tribunales de provincia, ni el servicio federal, tanto en lo civil como en lo militar da residencia en la provincia en que se ejerza, y que no sea la del domicilio habitual del empleado, entendiéndose esto para los efectos de optar a empleos en la provincia en que accidentalmente se encuentren.

Artículo 35. Las denominaciones adoptadas sucesivamente desde 1810 hasta el presente, a saber: Provincias Unidas del Río de la Plata; República Argentina, Confederación Argentina, serán en adelante nombres oficiales indistintamente para la designación del Gobierno y territorio de las provincias, empleándose las palabras «Nación Argentina» en la formación y sanción de las leyes.

Capítulo segundo. Nuevos derechos y garantías

Artículo 36. Esta Constitución mantendrá su imperio aun cuando se interrumpiere su observancia por actos de fuerza contra el orden institucional y el sistema democrático. Estos actos serán insanablemente nulos.

Sus autores serán pasibles de la sanción prevista en el **Artículo** 29, inhabilitados a perpetuidad para ocupar cargos públicos y excluidos de los beneficios del indulto y la conmutación de penas.

Tendrán las mismas sanciones quienes, como consecuencia de estos actos, usurparen funciones previstas para las autoridades de esta Constitución o las de las provincias, los que responderán civil y penalmente de sus actos. Las acciones respectivas serán imprescriptibles.

Todos los ciudadanos tienen el derecho de resistencia contra quienes ejecutaren los actos de fuerza enunciados en este **Artículo.**

Atentara asimismo contra el sistema democrático quien incurriere en grave delito doloso contra el Estado que conlleve enriquecimiento, quedando inhabilitado por el tiempo que las leyes determinen para ocupar cargos o empleos públicos.

El Congreso sancionará una ley sobre ética pública para el ejercicio de la función.

Artículo 37. Esta Constitución garantiza el pleno ejercicio de los derechos políticos, con arreglo al principio de la soberanía popular y de las leyes que se dicten en consecuencia. El sufragio es universal, igual, secreto y obligatorio.

La igualdad real de oportunidades entre varones y mujeres para el acceso a cargos electivos y partidarios se garantizará por acciones positivas en la regulación de los partidos políticos y en el régimen electoral.

Artículo 38. Los partidos políticos son instituciones fundamentales del sistema democrático.

Su creación y el ejercicio de sus actividades son libres dentro del respeto a esta Constitución, la que garantiza su organización y funcionamiento democráticos, la representación de las minorías, la competencia para la postulación de candidatos a cargos públicos electivos, el acceso a la información pública y la difusión de sus ideas.

El Estado contribuye al sostenimiento económico de sus actividades y de la capacitación de sus dirigentes.

Los partidos políticos deberán dar publicidad del origen y destino de sus fondos y patrimonio.

Artículo 39. Los ciudadanos tienen el derecho de iniciativa para presentar proyectos de ley en la Cámara de Diputados. El Congreso deberá darles expreso tratamiento dentro del término de doce meses.

El Congreso, con el voto de la mayoría absoluta de la totalidad de los miembros de cada Cámara, sancionará una ley reglamentaria que no podrá exigir más del tres por ciento del padrón electoral nacional, dentro del cual deberá contemplar una adecuada distribución territorial para suscribir la iniciativa.

No serán objeto de iniciativa popular los proyectos referidos a reforma constitucional, tratados internacionales, tributos, presupuesto y materia penal.

Artículo 40. El Congreso, a iniciativa de la Cámara de Diputados, podrá someter a consulta popular un proyecto de ley. La ley de convocatoria no podrá ser vetada. El voto afirmativo del proyecto por el pueblo de la Nación lo convertirá en ley y su promulgación será automática.

El Congreso o el presidente de la Nación, dentro de sus respectivas competencias, podrán convocar a consulta popular no vinculante. En este caso el voto no será obligatorio. El Congreso, con el voto de la mayoría absoluta de la totalidad de los miembros de cada Cámara, reglamentará las materias, procedimientos y oportunidad de la consulta popular.

Artículo 41. Todos los habitantes gozan del derecho a un ambiente sano, equilibrado, apto para el desarrollo humano y para que las actividades productivas satisfagan las necesidades presentes sin comprometer las de las generaciones futuras; y tienen el deber de preservarlo. El daño ambiental generará prioritariamente la obligación de recomponer, según lo establezca la ley.

Las autoridades proveerán a la protección de este derecho, a la utilización racional de los recursos naturales, a la preservación del patrimonio natural y cultural y de la diversidad biológica, y a la información y educación ambientales.

Corresponde a la Nación dictar las normas que contengan los presupuestos mínimos de protección, y a las provincias, las necesarias para complementarlas, sin que aquellas alteren las jurisdicciones locales.

Se prohibe el ingreso al territorio nacional de residuos actual o potencialmente peligrosos, y de los radiactivos.

Artículo 42. Los consumidores y usuarios de bienes y servicios tienen derecho, en la relación de consumo, a la protección de su salud, seguridad e intereses económicos; a una información adecuada y veraz; a la libertad de elección y a condiciones de trato equitativo y digno.

Las autoridades proveerán a la protección de esos derechos, a la educación para el consumo, a la defensa de la competencia contra toda forma de distorsión de los mercados, al control de los monopolios naturales y legales, al de la calidad y eficiencia de los servicios públicos, y a la constitución de asociaciones de consumidores y de usuarios.

La legislación establecerá procedimientos eficaces para la prevención y solución de conflictos, y los marcos regulatorios de los servicios públicos de competencia nacional, previendo la necesaria participación de las asociaciones de consumidores y usuarios y de las provincias interesadas, en los organismos de control.

Artículo 43. Toda persona puede interponer acción expedita y rápida de amparo, siempre que no exista otro medio judicial más idóneo, contra todo acto u omisión de autoridades públicas o de particulares, que en forma actual o inminente lesione, restrinja, altere o amenace, con arbitrariedad o ilegalidad manifiesta, derechos y garantías reconocidos por esta Constitución, un tratado o una ley. En el caso, el juez podrá declarar la inconstitucionalidad de la norma en que se funde el acto u omisión lesiva.

Podrán interponer esta acción contra cualquier forma de discriminación y en lo relativo a los derechos que protegen al ambiente, a la competencia, al usuario y al consumidor, así como a los derechos de incidencia colectiva en general, el afectado, el defensor del pueblo y las asociaciones que propendan a esos fines, registradas conforme a la ley, la que determinará los requisitos y formas de su organización.

Toda persona podrá interponer esta acción para tomar conocimiento de los datos a ella referidos y de su finalidad, que consten en registros o bancos de datos públicos, o los privados destinados a proveer informes, y en caso de falsedad o discriminación, para exigir la supresión, rectificación, confidencialidad o actualización de aquéllos. No podrá afectarse el secreto de las fuentes de información periodística.

Cuando el derecho lesionado, restringido, alterado o amenazado fuera la libertad física, o en caso de agravamiento ilegítimo en la forma o condiciones de detención, o en el de desaparición forzada de personas, la acción de hábeas corpus podrá ser interpuesta por el afectado o por cualquiera en su favor y el juez resolverá de inmediato, aun durante la vigencia del estado de sitio.

Segunda parte. Autoridades de la nación

Título primero. Gobierno federal

Sección primera. Del Poder Legislativo

Artículo 44. Un Congreso compuesto de dos Cámaras, una de diputados de la Nación y otra de senadores de las provincias y de la ciudad de Buenos Aires, será investido del Poder Legislativo de la Nación.

Capítulo primero. De la Cámara de Diputados

Artículo 45. La Cámara de Diputados se compondrá de representantes elegidos directamente por el pueblo de las provincias, de la ciudad de Buenos Aires, y de la Capital en caso de traslado, que se consideran a este fin como distritos electorales de un solo Estado y a simple pluralidad de sufragios. El número de representantes será de uno por cada treinta y tres mil habitantes o fracción que no baje de dieciséis mil quinientos. Después de la realización de cada censo, el Congreso fijará la representación con arreglo al mismo, pudiendo aumentar pero no disminuir la base expresada para cada diputado.

Artículo 46. Los diputados para la primera Legislatura se nombrarán en la proporción siguiente: por la provincia de Buenos Aires doce; por la de Córdoba seis; por la de Catamarca tres; por la de Corrientes cuatro; por la de Entre Ríos dos; por la de Jujuy dos; por la de Mendoza tres; por la de La Rioja dos; por la de Salta tres; por la de Santiago cuatro;

por la de San Juan dos; por la de Santa Fe dos; por la de San Luis dos, y por la de Tucumán tres.

Artículo 47. Para la segunda Legislatura deberá realizarse el censo general, y arreglarse a él el número de diputados; pero este censo solo podrá renovarse cada diez años.

Artículo 48. Para ser diputado se requiere haber cumplido la edad de veinticinco años, tener cuatro años de ciudadanía en ejercicio, y ser natural de la provincia que lo elija, o con dos años de residencia inmediata en ella.

Artículo 49. Por esta vez las Legislaturas de las provincias reglarán los medios de hacer efectiva la elección directa de los diputados de la Nación: para lo sucesivo el Congreso expedirá una ley general.

Artículo 50. Los diputados durarán en su representación por cuatro años, y son reelegibles; pero la Sala se renovará por mitad cada bienio; a cuyo efecto los nombrados para la primera Legislatura, luego que se reúnan, sortearán los que deban salir en el primer período.

Artículo 51. En caso de vacante, el gobierno de provincia, o de la Capital, hace proceder a elección legal de un nuevo miembro.

Artículo 52. A la Cámara de Diputados corresponde exclusivamente la iniciativa de las leyes sobre contribuciones y reclutamiento de tropas.

Artículo 53. Solo ella ejerce el derecho de acusar ante el Senado al presidente, vicepresidente, al jefe de gabinete de ministros, a los ministros y a los miembros de la Corte Suprema, en las causas de responsabilidad que se intenten contra ellos, por mal desempeño o por delito en el ejercicio de sus funciones; o por crímenes comunes, después de haber conocido de ellos y declarado haber lugar a la formación de causa por la mayoría de dos terceras partes de sus miembros presentes.

Capítulo segundo. Del Senado

Artículo 54. El Senado se compondrá de tres senadores por cada provincia y tres por la ciudad de Buenos Aires, elegidos en forma directa y conjunta, correspondiendo dos bancas al partido político que obtenga el mayor número de votos, y la restante al partido político que le siga en número de votos. Cada senador tendrá un voto.

Artículo 55. Son requisitos para ser elegido senador: tener la edad de treinta años, haber sido seis años ciudadano de la Nación, disfrutar de una renta anual de dos mil pesos fuertes o de una entrada equivalente, y ser natural de la provincia que lo elija, o con dos años de residencia inmediata en ella.

Artículo 56. Los senadores duran seis años en el ejercicio de su mandato, y son reelegibles indefinidamente, pero el Senado se renovará a razón de una tercera parte de los distritos electorales cada dos años.

Artículo 57. El vicepresidente de la Nación será presidente del Senado; pero no tendrá voto sino en el caso que haya empate en la votación.

Artículo 58. El Senado nombrará un presidente provisorio que lo presida en caso de ausencia del vicepresidente, o cuando éste ejerce las funciones de presidente de la Nación.

Artículo 59. Al Senado corresponde juzgar en juicio público a los acusados por la Cámara de Diputados, debiendo sus miembros prestar juramento para este acto. Cuando el acusado sea el presidente de la Nación, el Senado será presidido por el presidente de la Corte Suprema. Ninguno será declarado culpable sino a mayoría de los dos tercios de los miembros presentes.

Artículo 60. Su fallo no tendrá más efecto que destituir al acusado, y aun declararle incapaz de ocupar ningún empleo de honor, de confianza o a sueldo en la Nación. Pero la parte condenada quedará, no obstante, sujeta a acusación, juicio y castigo conforme a las leyes ante los tribunales ordinarios.

Artículo 61. Corresponde también al Senado autorizar al presidente de la Nación para que declare en estado de sitio, uno o varios puntos de la República en caso de ataque exterior.

Artículo 62. Cuando vacase alguna plaza de senador por muerte, renuncia u otra causa, el Gobierno a que corresponda la vacante hace proceder inmediatamente a la elección de un nuevo miembro.

Capítulo tercero. Disposiciones comunes a ambas Cámaras

Artículo 63. Ambas Cámaras se reunirán por sí mismas en sesiones ordinarias todos los años desde el primero de marzo hasta el treinta de noviembre. Pueden también ser convocadas extraordinariamente por el presidente de la Nación o prorrogadas sus sesiones.

Artículo 64. Cada Cámara es juez de las elecciones, derechos y títulos de sus miembros en cuanto a su validez. Ninguna de ellas entrará en sesión sin la mayoría absoluta de sus miembros; pero un número menor podrá compeler a los miembros ausentes a que concurran a las sesiones, en los términos y bajo las penas que cada Cámara establecerá.

Artículo 65. Ambas Cámaras empiezan y concluyen sus sesiones simultáneamente. Ninguna de ellas, mientras se hallen reunidas, podrá suspender sus sesiones más de tres días, sin el consentimiento de la otra.

Artículo 66. Cada Cámara hará su reglamento y podrá con dos tercios de votos, corregir a cualquiera de sus miembros por desorden de conducta en el ejercicio de sus funciones, o removerlo por inhabilidad física o moral sobreviniente a su incorporación, y hasta excluirle de su seno; pero bastará la mayoría de uno sobre la mitad de los presentes para decidir en las renuncias que voluntariamente hicieren de sus cargos.

Artículo 67. Los senadores y diputados prestarán, en el acto de su incorporación, juramento de desempeñar debidamente el cargo, y de obrar en todo en conformidad a lo que prescribe esta Constitución.

Artículo 68. Ninguno de los miembros del Congreso puede ser acusado, interrogado judicialmente, ni molestado por las opiniones o discursos que emita desempeñando su mandato de legislador.

Artículo 69. Ningún senador o diputado, desde el día de su elección hasta el de su cese, puede ser arrestado; excepto el caso de ser sorprendido in fraganti en la ejecución de algún crimen que merezca pena de muerte, infamante, u otra aflictiva; de lo que se dará cuenta a la Cámara respectiva con la información sumaria del hecho.

Artículo 70. Cuando se forme querella por escrito ante las justicias ordinarias contra cualquier senador o diputado, examinado el mérito del sumario en juicio público, podrá cada Cámara, con dos tercios de votos, suspender en sus funciones al acusado, y ponerlo a disposición del juez competente para su juzgamiento.

Artículo 71. Cada una de las Cámaras puede hacer venir a su sala a los ministros del Poder Ejecutivo para recibir las explicaciones e informes que estime convenientes.

Artículo 72. Ningún miembro del Congreso podrá recibir empleo o comisión del Poder Ejecutivo, sin previo consentimiento de la Cámara respectiva, excepto los empleos de escala.

Artículo 73. Los eclesiásticos regulares no pueden ser miembros del Congreso, ni los gobernadores de provincia por la de su mando.

Artículo 74. Los servicios de los senadores y diputados son remunerados por el Tesoro de la Nación, con una dotación que señalará la ley.

Capítulo cuarto. Atribuciones del Congreso

Artículo 75. Corresponde al Congreso:
1. Legislar en materia aduanera. Establecer los derechos de importación y exportación, los cuales, así como las avaluaciones sobre las que recaigan, serán uniformes en toda la Nación.
2. Imponer contribuciones indirectas como facultad concurrente con las provincias. Imponer contribuciones directas, por tiempo determinado, proporcionalmente iguales en todo el territorio de la Nación, siempre que la defensa, seguridad común y bien general del Estado lo exijan. Las contribuciones previstas en este inciso, con excepción de la parte o el total de las que tengan asignación específica, son coparticipables.

Una ley convenio, sobre la base de acuerdos entre la Nación y las provincias, instituirá regímenes de coparticipación de estas contribuciones, garantizando la automaticidad en la remisión de los fondos.

La distribución entre la Nación, las provincias y la ciudad de Buenos Aires y entre éstas, se efectuará en relación directa a las competencias, servicios y funciones de cada una de ellas contemplando criterios objetivos de reparto; será equitativa, solidaria y dará prioridad al logro de un grado equivalente de desarrollo, calidad de vida e igualdad de oportunidades en todo el territorio nacional.

La ley convenio tendrá como Cámara de origen el Senado y deberá ser sancionada con la mayoría absoluta de la totalidad de los miembros de cada Cámara, no podrá ser modificada unilateralmente ni reglamentada y será aprobada por las provincias.

No habrá transferencia de competencias, servicios o funciones sin la respectiva resignación de recursos, aprobada por ley del Congreso cuando correspondiere y por la provincia interesada o la ciudad de Buenos Aires en su caso.

Un organismo fiscal federal tendrá a su cargo el control y fiscalización de la ejecución de lo establecido en este inciso, según lo determine la ley, la que deberá asegurar la representación de todas las provincias y la ciudad de Buenos Aires en su composición.

3. Establecer y modificar asignaciones específicas de recursos coparticipables, por tiempo determinado, por ley especial aprobada por la mayoría absoluta de la totalidad de los miembros de cada Cámara.

4. Contraer empréstitos sobre el crédito de la Nación.

5. Disponer del uso y de la enajenación de las tierras de propiedad nacional.

6. Establecer y reglamentar un banco federal con facultad de emitir moneda, así como otros bancos nacionales.

7. Arreglar el pago de la deuda interior y exterior de la Nación.

8. Fijar anualmente, conforme a las pautas establecidas en el tercer párrafo del inciso 2 de este **Artículo**, el presupuesto general de gastos y cálculo de recursos de la administración nacional, en base al programa general de gobierno y al plan

de inversiones públicas y aprobar o desechar la cuenta de inversión.

9. Acordar subsidios del Tesoro nacional a las provincias, cuyas rentas no alcancen, según sus presupuestos, a cubrir sus gastos ordinarios.

10. Reglamentar la libre navegación de los ríos interiores, habilitar los puertos que considere convenientes, y crear o suprimir aduanas.

11. Hacer sellar moneda, fijar su valor y el de las extranjeras; y adoptar un sistema uniforme de pesos y medidas para toda la Nación.

12. Dictar los códigos Civil, Comercial, Penal, de Minería, y del Trabajo y Seguridad Social, en cuerpos unificados o separados, sin que tales códigos alteren las jurisdicciones locales, correspondiendo su aplicación a los tribunales federales o provinciales, según que las cosas o las personas cayeren bajo sus respectivas jurisdicciones; y especialmente leyes generales para toda la Nación sobre naturalización y nacionalidad, con sujeción al principio de nacionalidad natural y por opción en beneficio de la argentina; así como sobre bancarrotas, sobre falsificación de la moneda corriente y documentos públicos del Estado, y las que requiera el establecimiento del juicio por jurados.

13. Reglar el comercio con las naciones extranjeras, y de las provincias entre sí.

14. Arreglar y establecer los correos generales de la Nación.

15. Arreglar definitivamente los límites del territorio de la Nación, fijar los de las provincias, crear otras nuevas, y determinar por una legislación especial la organización, administración y gobierno que deben tener los territorios na-

cionales, que queden fuera de los límites que se asignen a las provincias.

16. Proveer a la seguridad de las fronteras.

17. Reconocer la preexistencia étnica y cultural de los pueblos indígenas argentinos.

Garantizar el respeto a su identidad y el derecho a una educación bilingüe e intercultural; reconocer la personería jurídica de sus comunidades, y la posesión y propiedad comunitarias de las tierras que tradicionalmente ocupan; y regular la entrega de otras aptas y suficientes para el desarrollo humano; ninguna de ellas será enajenable, transmisible ni susceptible de gravámenes o embargos. Asegurar su participación en la gestión referida a sus recursos naturales y a los demás intereses que los afecten. Las provincias pueden ejercer concurrentemente estas atribuciones.

18. Proveer lo conducente a la prosperidad del país, al adelanto y bienestar de todas las provincias, y al progreso de la ilustración, dictando planes de instrucción general y universitaria, y promoviendo la industria, la inmigración, la construcción de ferrocarriles y canales navegables, la colonización de tierras de propiedad nacional, la introducción y establecimiento de nuevas industrias, la importación de capitales extranjeros y la exploración de los ríos interiores, por leyes protectoras de estos fines y por concesiones temporales de privilegios y recompensas de estímulo.

19. Proveer lo conducente al desarrollo humano, al progreso económico con justicia social, a la productividad de la economía nacional, a la generación de empleo, a la formación profesional de los trabajadores, a la defensa del valor de la moneda, a la investigación y al desarrollo científico y tecnológico, su difusión y aprovechamiento.

Proveer al crecimiento armónico de la Nación y al poblamiento de su territorio; promover políticas diferenciadas que tiendan a equilibrar el desigual desarrollo relativo de provincias y regiones. Para estas iniciativas, el Senado será Cámara de origen.

Sancionar leyes de organización y de base de la educación que consoliden la unidad nacional respetando las particularidades provinciales y locales: que aseguren la responsabilidad indelegable del Estado, la participación de la familia y la sociedad, la promoción de los valores democráticos y la igualdad de oportunidades y posibilidades sin discriminación alguna; y que garanticen los principios de gratuidad y equidad de la educación pública estatal y la autonomía y autarquía de las universidades nacionales.

Dictar leyes que protejan la identidad y pluralidad cultural, la libre creación y circulación de las obras del autor; el patrimonio artístico y los espacios culturales y audiovisuales.

20. Establecer tribunales inferiores a la Corte Suprema de Justicia; crear y suprimir empleos, fijar sus atribuciones, dar pensiones, decretar honores, y conceder amnistías generales.

21. Admitir o desechar los motivos de dimisión del presidente o vicepresidente de la República; y declarar el caso de proceder a nueva elección.

22. Aprobar o desechar tratados concluidos con las demás naciones y con las organizaciones internacionales y los concordatos con la Santa Sede. Los tratados y concordatos tienen jerarquía superior a las leyes.

La Declaración Americana de los Derechos y Deberes del Hombre; la Declaración Universal de Derechos Humanos; la Convención Americana sobre Derechos Humanos; el Pacto Internacional de Derechos Económicos, Sociales y Culturales; el Pacto Internacional de Derechos Civiles y Políticos y su Protocolo Facultativo; la Convención sobre la Prevención y la Sanción del Delito de Genocidio; la Convención Internacional sobre la Eliminación de todas las Formas de Discriminación Racial; la Convención sobre la Eliminación de todas las Formas de Discriminación contra la Mujer; la Convención contra la Tortura y otros Tratos o Penas Crueles, Inhumanos o Degradantes; la Convención sobre los Derechos del Niño: en las condiciones de su vigencia, tienen jerarquía constitucional, no derogan **Artículo** alguno de la primera parte de esta Constitución y deben entenderse complementarios de los derechos y garantías por ella reconocidos. Solo podrán ser denunciados, en su caso, por el Poder Ejecutivo nacional, previa aprobación de las dos terceras partes de la totalidad de los miembros de cada Cámara.

Los demás tratados y convenciones sobre derechos humanos, luego de ser aprobados por el Congreso, requerirán del voto de las dos terceras partes de la totalidad de los miembros de cada Cámara para gozar de la jerarquía constitucional.

23. Legislar y promover medidas de acción positiva que garanticen la igualdad real de oportunidades y de trato, y el pleno goce y ejercicio de los derechos reconocidos por esta Constitución y por los tratados internacionales vigentes sobre derechos humanos, en particular respecto de los niños, las mujeres, los ancianos y las personas con discapacidad.

Dictar un régimen de seguridad social especial e integral en protección del niño en situación de desamparo, desde el embarazo hasta la finalización del periodo de enseñanza elemental, y de la madre durante el embarazo y el tiempo de lactancia.

24. Aprobar tratados de integración que deleguen competencias y jurisdicción a organizaciones supraestatales en con-

diciones de reciprocidad e igualdad, y que respeten el orden democrático y los derechos humanos. Las normas dictadas en su consecuencia tienen jerarquía superior a las leyes.

La aprobación de estos tratados con Estados de Latinoamérica requerirá la mayoría absoluta de la totalidad de los miembros de cada Cámara. En el caso de tratados con otros Estados, el Congreso de la Nación, con la mayoría absoluta de los miembros presentes de cada Cámara, declarará la conveniencia de la aprobación del tratado y solo podrá ser aprobado con el voto de la mayoría absoluta de la totalidad de los miembros de cada Cámara, después de ciento veinte días del acto declarativo.

La denuncia de los tratados referidos a este inciso, exigirá la previa aprobación de la mayoría absoluta de la totalidad de los miembros de cada Cámara.

25. Autorizar al Poder Ejecutivo para declarar la guerra o hacer la paz.

26. Facultar al Poder Ejecutivo para ordenar represalias, y establecer reglamentos para las presas.

27. Fijar las fuerzas armadas en tiempo de paz y guerra, y dictar las normas para su organización y gobierno.

28. Permitir la introducción de tropas extranjeras en el territorio de la Nación, y la salida de las fuerzas nacionales fuera de él.

29. Declarar en estado de sitio uno o varios puntos de la Nación en caso de conmoción interior, y aprobar o suspender el estado de sitio declarado, durante su receso, por el Poder Ejecutivo.

30. Ejercer una legislación exclusiva en el territorio de la capital de la Nación y dictar la legislación necesaria para el cumplimiento de los fines específicos de los establecimientos de utilidad nacional en el territorio de la República. Las au-

toridades provinciales y municipales conservarán los poderes de policía e imposición sobre estos establecimientos, en tanto no interfieran en el cumplimiento de aquellos fines.

31. Disponer la intervención federal a una provincia o a la ciudad de Buenos Aires.

Aprobar o revocar la intervención decretada, durante su receso, por el Poder Ejecutivo.

32. Hacer todas las leyes y reglamentos que sean convenientes para poner en ejercicio los poderes antecedentes, y todos los otros concedidos por la presente Constitución al Gobierno de la Nación Argentina.

Artículo 76. Se prohibe la delegación legislativa en el Poder Ejecutivo, salvo en materias determinadas de administración o de emergencia pública, con plazo fijado para su ejercicio y dentro de las bases de la delegación que el Congreso establezca.

La caducidad resultante del transcurso del plazo previsto en el párrafo anterior no importará revisión de las relaciones jurídicas nacidas al amparo de las normas dictadas en consecuencia de la delegación legislativa.

Capítulo quinto. De la formación y sanción de las leyes

Artículo 77. Las leyes pueden tener principio en cualquiera de las Cámaras del Congreso, por proyectos presentados por sus miembros o por el Poder Ejecutivo, salvo las excepciones que establece esta Constitución.

(•)Los proyectos de ley que modifiquen el régimen electoral y de partidos políticos deberán ser aprobados por mayoría absoluta del total de los miembros de las Cámaras.

(•)Texto dispuesto por ley 24.430.

Artículo 78. Aprobado un proyecto de ley por la Cámara de su origen, pasa para su discusión a la otra Cámara. Aprobado por ambas, pasa al Poder Ejecutivo de la Nación para su examen; y si también obtiene su aprobación, lo promulga como ley.

Artículo 79. Cada Cámara, luego de aprobar un proyecto de ley en general, puede delegar en sus comisiones la aprobación en particular del proyecto, con el voto de la mayoría absoluta del total de sus miembros. La Cámara podrá, con igual número de votos, dejar sin efecto la delegación y retomar el trámite ordinario. La aprobación en comisión requerirá el voto de la mayoría absoluta del total de sus miembros. Una vez aprobado el proyecto en comisión, se seguirá el trámite ordinario.

Artículo 80. Se reputa aprobado por el Poder Ejecutivo todo proyecto no devuelto en el término de diez días útiles. Los proyectos desechados parcialmente no podrán ser aprobados en la parte restante. Sin embargo, las partes no observadas solamente podrán ser promulgadas si tienen autonomía normativa y su aprobación parcial no altera el espíritu ni la unidad del proyecto sancionado por el Congreso. En este caso será de aplicación el procedimiento previsto para los decretos de necesidad y urgencia.

Artículo 81. Ningún proyecto de ley desechado totalmente por una de las Cámaras podrá repetirse en las sesiones de aquel año. Ninguna de las Cámaras puede desechar totalmente un proyecto que hubiera tenido origen en ella y luego hubiese sido adicionado o enmendado por la Cámara revisora. Si el proyecto fuere objeto de adiciones o correcciones por la Cámara revisora, deberá indicarse el resultado de la votación a fin de establecer si tales adiciones o correcciones fueron realizadas por mayoría absoluta de los presentes o por las dos terceras partes de los presentes. La Cámara de origen podrá por mayoría absoluta de los presentes aprobar el proyecto con las adiciones o correcciones introducidas o insistir en la redacción originaria, a menos que las adiciones o correcciones las haya realizado la revisora por dos terceras partes de los presentes. En este último caso, el proyecto pasará al Poder Ejecutivo con las adiciones o correcciones de la Cámara revisora, salvo que la Cámara de origen insista en su redacción originaria con el voto de las dos terceras partes de los presentes. La Cámara de origen no podrá introducir nuevas adiciones o correcciones a las realizadas por la Cámara revisora.

Artículo 82. La voluntad de cada Cámara debe manifestarse expresamente; se excluye, en todos los casos, la sanción tácita o ficta.

Artículo 83. Desechado en el todo o en parte un proyecto por el Poder Ejecutivo, vuelve con sus objeciones a la Cámara de su origen: ésta lo discute de nuevo, y si lo confirma por mayoría de dos tercios de votos, pasa otra vez a la Cámara de revisión. Si ambas Cámaras lo sancionan por igual mayoría, el proyecto es ley y pasa al Poder Ejecutivo para su promulgación. Las votaciones de ambas Cámaras serán en este caso nominales, por sí o por no; y tanto los nombres y fundamentos de los sufragantes, como las objeciones del Poder Ejecutivo, se publicarán inmediatamente por la prensa.

Si las Cámaras difieren sobre las objeciones, el proyecto no podrá repetirse en las sesiones de aquel año.

Artículo 84. En la sanción de las leyes se usará de esta fórmula: El Senado y Cámara de Diputados de la Nación Argentina, reunidos en Congreso... decretan o sancionan con fuerza de ley.

Capítulo sexto. De la Auditoría General de la Nación

Artículo 85. El control externo del sector público nacional en sus aspectos patrimoniales, económicos, financieros y operativos, será una atribución propia del Poder Legislativo.

El examen y la opinión del Poder Legislativo sobre el desempeño y situación general de la administración pública estarán sustentados en los dictámenes de la Auditoría General de la Nación.

Este organismo de asistencia técnica del Congreso, con autonomía funcional, se integrará del modo que establezca la ley que reglamenta su creación y funcionamiento, que deberá ser aprobada por mayoría absoluta de los miembros de cada Cámara. El presidente del organismo será designado a propuesta del partido político de oposición con mayor número de legisladores en el Congreso.

Tendrá a su cargo el control de legalidad, gestión y auditoria de toda la actividad de la administración pública centralizada y descentralizada, cualquiera fuera su modalidad de organización, y las demás funciones que la ley le otorgue. Intervendrá necesariamente en el trámite de aprobación o rechazo de las cuentas de percepción e inversión de los fondos públicos.

Capítulo séptimo. Del defensor del pueblo

Artículo 86. El Defensor del Pueblo es un órgano independiente instituido en el ámbito del Congreso de la Nación, que
actuará con plena autonomía funcional, sin recibir instrucciones de ninguna autoridad. Su misión es la defensa y protección de los derechos humanos y demás derechos, garantías
e intereses tutelados en esta Constitución y las leyes, ante
hechos, actos u omisiones de la Administración; y el control
del ejercicio de las funciones administrativas públicas.

El Defensor del Pueblo tiene legitimación procesal. Es designado y removido por el Congreso con el voto de las dos
terceras partes de los miembros presentes de cada una de
las Cámaras. Goza de las inmunidades y privilegios de los
legisladores. Durará en su cargo cinco años, pudiendo ser
nuevamente designado por una sola vez.

La organización y el funcionamiento de esta institución
serán regulados por una ley especial.

Sección segunda. Del Poder Ejecutivo

Capítulo primero. De su naturaleza y duración

Artículo 87. El Poder Ejecutivo de la Nación será desempe-
ñado por un ciudadano con el título de «Presidente de la
Nación Argentina».

Artículo 88. En caso de enfermedad, ausencia de la Capital, muerte, renuncia o destitución del presidente, el Poder
Ejecutivo será ejercido por el vicepresidente de la Nación. En
caso de destitución, muerte, dimisión o inhabilidad del presi-

dente y vicepresidente de la Nación, el Congreso determinará qué funcionario público ha de desempeñar la Presidencia, hasta que haya cesado la causa de la inhabilidad o un nuevo presidente sea electo.

Artículo 89. Para ser elegido presidente o vicepresidente de la Nación, se requiere haber nacido en el territorio argentino, o ser hijo de ciudadano nativo, habiendo nacido en país extranjero, y las demás calidades exigidas para ser elegido senador.

Artículo 90. El presidente y vicepresidente duran en sus funciones el término de cuatro años y podrán ser reelegidos o sucederse recíprocamente por un solo periodo consecutivo. Si han sido reelectos o se han sucedido recíprocamente no pueden ser elegidos para ninguno de ambos cargos, sino con el intervalo de un periodo.

Artículo 91. El presidente de la Nación cesa en el poder el mismo día en que expira su periodo de cuatro años; sin que evento alguno que lo haya interrumpido, pueda ser motivo de que se le complete más tarde.

Artículo 92. El presidente y vicepresidente disfrutan de un sueldo pagado por el Tesoro de la Nación, que no podrá ser alterado en el periodo de sus nombramientos. Durante el mismo periodo no podrán ejercer otro empleo, ni recibir ningún otro emolumento de la Nación, ni de provincia alguna.

Artículo 93. Al tomar posesión de su cargo el presidente y vicepresidente prestarán juramento, en manos del presidente del Senado y ante el Congreso reunido en Asamblea, respetando sus creencias religiosas, de: «desempeñar con lealtad y patriotismo el cargo de presidente (o vicepresidente) de la Nación y observar y hacer observar fielmente la Constitución de la Nación Argentina».

Capítulo segundo. De la forma y tiempo de la elección del presidente y vicepresidente de la Nación

Artículo 94. El presidente y el vicepresidente de la Nación serán elegidos directamente por el pueblo, en donde vuelta, según lo establece esta Constitución. A este fin el territorio nacional conformará un distrito único.

Artículo 95. La elección se efectuará dentro de los dos meses anteriores a la conclusión del mandato del presidente en ejercicio.

Artículo 96. La segunda vuelta electoral, si correspondiere, se realizará entre las dos fórmulas de candidatos más votados, dentro de los treinta días de celebrada la anterior.

Artículo 97. Cuando la fórmula que resultare más votada en la primera vuelta hubiere obtenido más del cuarenta y cinco por ciento de los votos afirmativos válidamente emitidos, sus integrantes serán proclamados como presidente y vicepresidente de la Nación.

Artículo 98. Cuando la fórmula que resultare más votada en la primera vuelta hubiere obtenido el cuarenta por ciento por lo menos de los votos afirmativos válidamente emitidos y, además, existiere una diferencia mayor de diez puntos porcentuales respecto del total de los votos afirmativos válidamente emitidos sobre la fórmula que le sigue en número de votos, sus integrantes serán proclamados como presidente y vicepresidente de la Nación.

Capítulo tercero. Atribuciones del Poder Ejecutivo

Artículo 99. El presidente de la Nación tiene las siguientes atribuciones:

1. Es el jefe supremo de la Nación, jefe del gobierno y responsable político de la administración general del país.

2. Expide las instrucciones y reglamentos que sean necesarios para la ejecución de las leyes de la Nación, cuidando de no alterar su espíritu con excepciones reglamentarias.

3. Participa de la formación de las leyes con arreglo a la Constitución, las promulga y hace publicar.

El Poder Ejecutivo no podrá en ningún caso bajo pena de nulidad absoluta e insanable, emitir disposiciones de carácter legislativo.

Solamente cuando circunstancias excepcionales hicieran imposible seguir los trámites ordinarios previstos por esta Constitución para la sanción de las leyes, y no se trate de normas que regulen materia penal, tributaria, electoral o el régimen de los partidos políticos, podrá dictar decretos por razones de necesidad y urgencia, los que serán decididos en acuerdo general de ministros que deberán refrendarlos, conjuntamente con el jefe de gabinete de ministros.

El jefe de gabinete de ministros personalmente y dentro de los diez días someterá la medida a consideración de la Comisión Bicameral Permanente, cuya composición deberá respetar la proporción de las representaciones políticas de cada Cámara. Esta comisión elevará su despacho en un plazo de diez días al plenario de cada Cámara para su expreso tratamiento, el que de inmediato considerarán las Cámaras. Una ley especial sancionada con la mayoría absoluta de la totalidad de los miembros de cada Cámara regulará el trámite y los alcances de la intervención del Congreso.

4. Nombra los magistrados de la Corte Suprema con acuerdo del Senado por dos tercios de sus miembros presentes, en sesión pública, convocada al efecto.

Nombra los demás jueces de los tribunales federales inferiores en base a una propuesta vinculante en terna del Consejo de la Magistratura, con acuerdo del Senado, en sesión pública, en la que se tendrá en cuenta la idoneidad de los candidatos.

Un nuevo nombramiento, precedido de igual acuerdo, será necesario para mantener en el cargo a cualquiera de esos magistrados, una vez que cumplan la edad de setenta y cinco años. Todos los nombramientos de magistrados cuya edad sea la indicada o mayor se harán por cinco años, y podrán ser repetidos indefinidamente, por el mismo trámite.

5. Puede indultar o conmutar las penas por delitos sujetos a la jurisdicción federal, previo informe del tribunal correspondiente, excepto en los casos de acusación por la Cámara de Diputados.

6. Concede jubilaciones, retiros, licencias y pensiones conforme a las leyes de la Nación.

7. Nombra y remueve a los embajadores, ministros plenipotenciarios y encargados de negocios con acuerdo del Senado; por sí solo nombra y remueve al jefe de gabinete de ministros y a los demás ministros del despacho, los oficiales de su secretaría, los agentes consulares y los empleados cuyo nombramiento no está reglado de otra forma por esta Constitución.

8. Hace anualmente la apertura de las sesiones del Congreso, reunidas al efecto ambas Cámaras, dando cuenta en esta ocasión del estado de la Nación, de las reformas prometidas por la Constitución, y recomendando a su consideración las medidas que juzgue necesarias y convenientes.

9. Prorroga las sesiones ordinarias del Congreso, o lo convoca a sesiones extraordinarias, cuando un grave interés de orden o de progreso lo requiere.

10. Supervisa el ejercicio de la facultad del jefe de gabinete de ministros respecto de la recaudación de las rentas de la Nación y de su inversión, con arreglo a la ley o presupuesto de gastos nacionales.

11. Concluye y firma tratados, concordatos y otras negociaciones requeridas para el mantenimiento de buenas relaciones con las organizaciones internacionales y las naciones extranjeras, recibe sus ministros y admite sus cónsules.

12. Es comandante en jefe de todas las fuerzas armadas de la Nación.

13. Provee los empleos militares de la Nación: con acuerdo del Senado, en la concesión de los empleos o grados de oficiales superiores de las fuerzas armadas, y por sí solo en el campo de batalla.

14. Dispone de las fuerzas armadas, y corre con su organización y distribución según las necesidades de la Nación.

15. Declara la guerra y ordena represalias con autorización y aprobación del Congreso.

16. Declara en estado de sitio uno o varios puntos de la Nación, en caso de ataque exterior y por un término limitado, con acuerdo del Senado. En caso de conmoción interior solo tiene esta facultad cuanto el Congreso está en receso, porque es atribución que corresponde a este cuerpo. El presi-

dente la ejerce con las limitaciones prescriptas en el **Artículo** 23.

17. Puede pedir al jefe de gabinete de ministros y a los jefes de todos los ramos y departamentos de la administración, y por su conducto a los demás empleados, los informes que crea convenientes, y ellos están obligados a darlos.

18. Puede ausentarse del territorio de la Nación, con permiso del Congreso. En el receso de éste, solo podrá hacerlo sin licencia por razones justificadas de servicio público.

19. Puede llenar las vacantes de los empleos, que requieran el acuerdo del Senado, y que ocurran durante su receso, por medio de nombramientos en comisión que expirarán al fin de la próxima Legislatura.

20. Decreta la intervención federal a una provincia o a la ciudad de Buenos Aires en caso de receso del Congreso, y debe convocarlo simultáneamente para su tratamiento.

Capítulo cuarto. Del jefe de gabinete y demás ministros del Poder Ejecutivo

Artículo 100. El jefe de gabinete de ministros y los demás ministros secretarios cuyo número y competencia será establecida por una ley especial, tendrán a su cargo el despacho de los negocios de la Nación, y refrendarán y legalizarán los actos del presidente por medio de su firma, sin cuyo requisito carecen de eficacia.

Al jefe de gabinete de ministros, con responsabilidad política ante el Congreso de la Nación, le corresponde:

1. Ejercer la administración general el país.

2. Expedir los actos y reglamentos que sean necesarios para ejercer las facultades que le atribuye este **Artículo** y aquellas que le delegue el presidente de la Nación, con el re-

frendo del ministro secretario del ramo al cual el acto o reglamento se refiera.

3. Efectuar los nombramientos de los empleados de la administración, excepto los que correspondan al presidente.

4. Ejercer las funciones y atribuciones que le delegue el presidente de la Nación y, en acuerdo al gabinete resolver sobre las materias que le indique el Poder Ejecutivo, o por su propia decisión, en aquellas que por su importancia estime necesario, en el ámbito de su competencia.

5. Coordinar, preparar y convocar las reuniones de gabinete de ministros, presidiéndolas en caso de ausencia del presidente.

6. Enviar al Congreso los proyectos de ley de Ministerios y de Presupuesto nacional, previo tratamiento en acuerdo de gabinete y aprobación del Poder Ejecutivo.

7. Hacer recaudar las rentas de la Nación y ejecutar la ley de Presupuesto nacional.

8. Refrendar los decretos reglamentarios de las leyes, los decretos que dispongan la prorroga de las sesiones ordinarias del Congreso o la convocatoria de sesiones extraordinarias y los mensajes del presidente que promuevan la iniciativa legislativa.

9. Concurrir a las sesiones del Congreso y participar en sus debates, pero no votar.

10. Una vez que se inicien las sesiones ordinarias del Congreso, presentar junto a los restantes ministros una memoria detallada del estado de la Nación en lo relativo a los negocios de los respectivos departamentos.

11. Producir los informes y explicaciones verbales o escritos que cualquiera de las Cámaras solicite al Poder Ejecutivo.

12. Refrendar los decretos que ejercen facultades delegadas por el Congreso, los que estarán sujetos al control de la Comisión Bicameral Permanente.

13. Refrendar conjuntamente con los demás ministros los decretos de necesidad y urgencia y los decretos que promulgan parcialmente leyes. Someterá personalmente y dentro de los diez días de su sanción estos decretos a consideración de la Comisión Bicameral Permanente.

El jefe de gabinete de ministros no podrá desempeñar simultáneamente otro ministerio.

Artículo 101. El jefe de gabinete de ministros debe concurrir al Congreso al menos una vez por mes, alternativamente a cada una de sus Cámaras, para informar de la marcha del gobierno, sin perjuicio de lo dispuesto en el **Artículo 71.** Puede ser interpelado a los efectos del tratamiento de una moción de censura, por el voto de la mayoría absoluta de la totalidad de los miembros de cualquiera de las Cámaras, y ser removido por el voto de la mayoría absoluta de los miembros de cada una de las Cámaras.

Artículo 102. Cada ministro es responsable de los actos que legaliza; y solidariamente de los que acuerda con sus colegas.

Artículo 103. Los ministros no pueden por sí solos, en ningún caso, tomar resoluciones, a excepción de lo concerniente al régimen económico y administrativo de sus respectivos departamentos.

Artículo 104. Luego que el Congreso abra sus sesiones, deberán los ministros del despacho presentarle una memoria detallada del estado de la Nación en lo relativo a los negocios de sus respectivos departamentos.

Artículo 105. No pueden ser senadores ni diputados, sin hacer dimisión de sus empleados de ministros.

Artículo 106. Pueden los ministros concurrir a las sesiones del Congreso y tomar parte en sus debates, pero no votar.

Artículo 107. Gozarán por sus servicios de un sueldo establecido por la ley, que no podrá ser aumentado ni disminuido en favor o perjuicio de los que se hallen en ejercicio.

Sección tercera. Del Poder Judicial

Capítulo primero. De su naturaleza y duración

Artículo 108. El Poder Judicial de la Nación será ejercido por una Corte Suprema de Justicia, y por los demás tribunales inferiores que el Congreso estableciere en el territorio de la Nación.

Artículo 109. En ningún caso el presidente de la Nación puede ejercer funciones judiciales, arrogarse el conocimiento de causas pendientes o restablecer las fenecidas.

Artículo 110. Los jueces de la Corte Suprema y de los tribunales inferiores de la Nación conservarán sus empleos mientras dure su buena conducta, y recibirán por sus servicios una compensación que determinará la ley, y que no podrá ser disminuida en manera alguna, mientras permanecesen en sus funciones.

Artículo 111. Ninguno podrá ser miembro de la Corte Suprema de Justicia, sin ser abogado de la Nación con ocho años de ejercicio, y tener las calidades requeridas para ser senador.

Artículo 112. En la primera instalación de la Corte Suprema, los individuos nombrados prestarán juramento en manos del presidente de la Nación, de desempeñar sus obligaciones, administrando justicia bien y legalmente, y en conformidad a lo que prescribe la Constitución. En lo sucesivo lo prestarán ante el presidente de la misma Corte.

Artículo 113. La Corte Suprema dictará su reglamento interior y nombrará a sus empleados.

Artículo 114. El Consejo de la Magistratura, regulado por una ley especial sancionada por la mayoría absoluta de la totalidad de los miembros de cada Cámara, tendrá a su cargo la selección de los magistrados y la administración del Poder Judicial.

El Consejo será integrado periódicamente de modo que se procure el equilibrio entre la representación de los órganos políticos resultantes de la elección popular, de los jueces de todas las instancias y de los abogados de la matrícula federal. Será integrado, asimismo, por otras personas del ámbito académico y científico, en el número y la forma que indique la ley.

Serán sus atribuciones:

1. Seleccionar mediante concursos públicos los postulantes a las magistraturas inferiores.

2. Emitir propuestas en ternas vinculantes, para el nombramiento de los magistrados de los tribunales inferiores.

3. Administrar los recursos y ejecutar el presupuesto que la ley asigne a la administración de justicia.

4. Ejercer facultades disciplinarias sobre magistrados.

5. Decidir la apertura del procedimiento de remoción de magistrados, en su caso ordenar la suspensión, y formular la acusación correspondiente.

6. Dictar los reglamentos relacionados con la organización judicial y todos aquellos que sean necesarios para asegurar la independencia de los jueces y la eficaz prestación de los servicios de justicia.

Artículo 115. Los jueces de los tribunales inferiores de la Nación serán removidos por las causales expresadas en el **Artículo 53**, por un jurado de enjuiciamiento integrado por legisladores, magistrados y abogados de la matrícula federal.

Su fallo, que será irreducible, no tendrá más efecto que destituir al acusado. Pero la parte condenada quedará no obstante sujeta a acusación, juicio y castigo conforme a las leyes ante los tribunales ordinarios.

Corresponderá archivar las actuaciones y, en su caso, reponer al juez suspendido, si transcurrieren ciento ochenta días contados desde la decisión de abrir el procedimiento de remoción, sin que haya sido dictado el fallo.

En la ley especial a que se refiere el **Artículo** 114, se determinará la integración y procedimiento de este jurado.

Capítulo segundo. Atribuciones del Poder Judicial

Artículo 116. Corresponde a la Corte Suprema y a los tribunales inferiores de la Nación, el conocimiento y decisión de todas las causas que versen sobre puntos regidos por la Constitución, y por las leyes de la Nación, con la reserva hecha en el inciso 12 del **Artículo 75**; y por los tratados con las naciones extranjeras; de las causas concernientes a embajadores, ministros públicos y cónsules extranjeros; de las causas de almirantazgo y jurisdicción marítima; de los asuntos en que la Nación sea parte; de las causas que se susciten entre dos o más provincias; entre una provincia y los vecinos de otra; entre los vecinos de diferentes provincias; y entre una provincia o sus vecinos, contra un Estado o ciudadano extranjero.

Artículo 117. En estos casos la Corte Suprema ejercerá su jurisdicción por apelación según las reglas y excepciones que prescriba el Congreso; pero en todos los asuntos concernientes a embajadores, ministros y cónsules extranjeros, y en los que alguna provincia fuese parte, la ejercerá originaria y exclusivamente.

Artículo 118. Todos los juicios criminales ordinarios, que no se deriven del despacho de acusación concedido en la Cámara de Diputados se terminarán por jurados, luego que se establezca en la República esta institución. La actuación de estos juicios se hará en la misma provincia donde se hubiera cometido el delito; pero cuando este se cometa fuera de los límites de la Nación, contra el Derecho de Gentes, el Congreso determinará por una ley especial el lugar en que haya de seguirse el juicio.

Artículo 119. La traición contra la Nación consistirá únicamente en tomar las armas contra ella, o en unirse a sus enemigos prestándoles ayuda y socorro. El Congreso fijará por una ley especial la pena de este delito; pero ella no pasará de la persona del delincuente, ni la infamia del reo se transmitirá a sus parientes de cualquier grado.

Sección cuarta. Del Ministerio Público

Artículo 120. El Ministerio Público es un órgano independiente con autonomía funcional y autarquía financiera, que tiene por función promover la actuación de la justicia en defensa de la legalidad, de los intereses generales de la sociedad, en coordinación con las demás autoridades de la República.

Está integrado por un procurador general de la Nación y un defensor general de la Nación y los demás miembros que la ley establezca.

Sus miembros gozan de inmunidades funcionales e intangibilidad de remuneraciones.

Título segundo. Gobiernos de provincia

Artículo 121. Las provincias conservan todo el poder no delegado por esta Constitución al Gobierno federal, y el que expresamente se hayan reservado por actos especiales al tiempo de su incorporación.

Artículo 122. Se dan sus propias instituciones locales y se rigen por ellas. Eligen sus gobernadores, sus legisladores y demás funcionarios de provincia, sin intervención del Gobierno federal.

Artículo 123. Cada provincia dicta su propia constitución, conforme a lo dispuesto por el **Artículo 5o** asegurando la autonomía municipal y reglando su alcance y contenido en el orden institucional, político, administrativo, económico y financiero.

Artículo 124. Las provincias podrán crear regiones para el desarrollo económico y social y establecer órganos con facultades para el cumplimiento de sus fines y podrán también celebrar convenios internacionales en tanto no sean incompatibles con la política exterior de la Nación y no afecten las facultades delegadas al Gobierno federal o el crédito público de la Nación; con conocimiento del Congreso Nacional. La ciudad de Buenos Aires tendrá el régimen que se establezca a tal efecto.

Corresponde a las provincias el dominio originario de los recursos naturales existentes en su territorio.

Artículo 125. Las provincias pueden celebrar tratados parciales para fines de administración de justicia, de intereses económicos y trabajos de utilidad común, con conocimiento del Congreso Federal; y promover su industria, la inmigración, la construcción de ferrocarriles y canales navegables, la colonización de tierras de propiedad provincial, la introducción y establecimiento de nuevas industrias, la importación de capitales extranjeros y la exploración de sus ríos, por leyes protectoras de estos fines, y con sus recursos propios.

Las provincias y la ciudad de Buenos Aires pueden conservar organismos de seguridad social para los empleados públicos y los profesionales; y promover el progreso económico, el desarrollo humano, la generación de empleo, la educación, la ciencia, el conocimiento y la cultura.

Artículo 126. Las provincias no ejercen el poder delegado a la Nación. No pueden celebrar tratados parciales de carácter político; ni expedir leyes sobre comercio, o navegación interior o exterior; ni establecer aduanas provinciales; ni acuñar moneda; ni establecer bancos con facultades de emitir billetes, sin autorización del Congreso Federal; ni dictar los Códigos Civil, Comercial, Penal y de Minería, después que el Congreso los haya sancionado; ni dictar especialmente leyes sobre ciudadanía y naturalización, bancarrotas, falsificación de moneda o documentos del Estado; ni establecer derechos de tonelaje; ni armar buques de guerra o levantar ejércitos, salvo el caso de invasión exterior o de un peligro tan inminente que no admita dilación dando luego cuenta al Gobierno federal; ni nombrar o recibir agentes extranjeros.

Artículo 127. Ninguna provincia puede declarar, ni hacer la guerra a otra provincia. Sus quejas deben ser sometidas a la Corte Suprema de Justicia y dirimidas por ella. Sus hostilidades de hecho son actos de guerra civil, calificados de sedición o asonada, que el Gobierno federal debe sofocar y reprimir conforme a la ley.

Artículo 128. Los gobernadores de provincia son agentes naturales del Gobierno federal para hacer cumplir la Constitución y las leyes de la Nación.

Artículo 129. La ciudad de Buenos Aires tendrá un régimen de gobierno autónomo, con facultades propias de legislación y jurisdicción, y su jefe de gobierno será elegido directamente por el pueblo de la ciudad.

Una ley garantizará los intereses del Estado nacional, mientras la ciudad de Buenos Aires sea capital de la Nación.

En el marco de lo dispuesto en este **Artículo**, el Congreso de la Nación convocará a los habitantes de la ciudad de Buenos Aires para que, mediante los representantes que elijan a ese efecto, dicten el Estatuto Organizativo de sus instituciones.

Disposiciones transitorias

Primera. La Nación Argentina ratifica su legítima e imprescriptible soberanía sobre las islas Malvinas, Georgias del Sur y Sándwich del Sur y los espacios marítimos e insulares correspondientes, por ser parte integrante del territorio nacional.

La recuperación de dichos territorios y el ejercicio pleno de la soberanía, respetando el modo de vida de sus habitantes, y conforme a los principios del Derecho Internacional, constituyen un objetivo permanente e irrenunciable del pueblo argentino.

Segunda. Las acciones positivas a que alude el **Artículo 37** en su último párrafo no podrán ser inferiores a las vigentes al tiempo de sancionarse esta Constitución y durarán lo que la ley determine.

(Corresponde al **Artículo 37.**)

Tercera. La ley que reglamente el ejercicio de la iniciativa popular deberá ser aprobada dentro de los dieciocho meses de esta sanción.

(Corresponde al **Artículo 39.**)

Cuarta. Los actuales integrantes del Senado de la Nación desempeñarán su cargo hasta la extinción del mandato correspondiente a cada uno.

En ocasión de renovarse un tercio del Senado en mil novecientos noventa y cinco, por finalización de los mandatos de todos los senadores elegidos en mil novecientos ochenta y seis, será designado además un tercer senador por distrito por cada Legislatura. El conjunto de los senadores por cada distrito se integrará, en lo posible, de modo que correspondan dos bancas al partido político o alianza electoral que tenga el mayor número de miembros en la Legislatura, y la restante al partido político o alianza electoral que le siga en número de miembros de ella. En caso de empate, se hará prevalecer al partido político o alianza electoral que hubiera obtenido mayor cantidad de sufragios en la elección legislativa provincial inmediata anterior.

La elección de los senadores que reemplacen a aquellos cuyos mandatos vencen en mil novecientos noventa y ocho, así como la elección de quien reemplace a cualquiera de los actuales senadores en caso de aplicación del **Artículo 62**, se hará por estas mismas reglas de designación. Empero, el partido político o alianza electoral que tenga el mayor número de miembros en la Legislatura al tiempo de la elección del senador, tendrá derecho a que sea elegido su candidato, con la sola limitación de que no resulten los tres senadores de un mismo partido político o alianza electoral.

Estas reglas serán también aplicables a la elección de los senadores por la ciudad de Buenos Aires, en mil novecientos noventa y cinco por el cuerpo electoral, y en mil novecientos noventa y ocho, por el órgano legislativo de la ciudad.

La elección de todos los senadores a que se refiere esta cláusula se llevará a cabo con una anticipación no menor de sesenta ni mayor de noventa días al momento en que el senador deba asumir su función.

En todos los casos, los candidatos a senadores serán propuestos por los partidos políticos o alianzas electorales. El cumplimiento de las exigencias legales y estatutarias para ser proclamado candidato será certificado por la Justicia Electoral Nacional y comunicado a la Legislatura.

Toda vez que se elija un senador nacional se designará un suplente, quien asumirá en los casos del **Artículo 62**.

Los mandatos de los senadores elegidos por aplicación de esta cláusula transitoria durarán hasta el nueve de diciembre del dos mil uno.

(Corresponde al **Artículo 54.**)

Quinta. Todos los integrantes del Senado serán elegidos en la forma indicada en el **Artículo 54** dentro de los dos meses anteriores al diez de diciembre del dos mil uno, decidiéndose por la suerte, luego que todos se reúnan, quienes deban salir en el primero y segundo bienio.

(Corresponde al **Artículo 56.**)

Sexta. Un régimen de coparticipación conforme lo dispuesto en el inciso 2 del **Artículo 75** y la reglamentación del organismo fiscal federal, serán establecidos antes de la finalización del año 1996; la distribución de competencias, servicios y funciones vigentes a la sanción de esta reforma, no podrá modificarse sin la aprobación de la provincia interesada; tampoco podrá modificarse en desmedro de las provincias la distribución de recursos vigente a la sanción de esta reforma y en ambos casos hasta el dictado del mencionado régimen de coparticipación.

La presente cláusula no afecta los reclamos administrativos o judiciales en trámite originados por diferencias por distribución de competencias, servicios, funciones o recursos entre la Nación y las provincias.

(Corresponde al **Artículo** 75 inciso 2.)

Séptima. El Congreso ejercerá en la ciudad de Buenos Aires, mientras sea capital de la Nación, las atribuciones legislativas que conserve con arreglo al **Artículo** 129.

(Corresponde al **Artículo** 75 inciso 30.)

Octava. La legislación delegada preexistente que no contenga plazo establecido para su ejercicio caducará a los cinco años de la vigencia de esta disposición, excepto aquella que el Congreso de la Nación ratifique expresamente por una nueva ley.

(Corresponde al **Artículo** 76.)

Novena. El mandato del presidente en ejercicio al momento de sancionarse esta reforma, deberá ser considerado como primer periodo.

(Corresponde al **Artículo** 90.)

Décima. El mandato del presidente de la Nación que asuma su cargo el 8 de julio de 1995, se extinguirá el 10 de diciembre de 1999.

(Corresponde al **Artículo** 90.)

Undécima. La caducidad de los nombramientos y la duración limitada previstas en el **Artículo** 99 inciso 4 entrarán en vigencia a los cinco años de la sanción de esta reforma constitucional.

(Corresponde al **Artículo** 99 inciso 4.)

Duodécima. Las prescripciones establecidas en los artículos 100 y 101 del Capitulo cuarto de la **Sección** segunda, de la segunda parte de esta Constitución referidas al jefe de gabinete de ministros, entrarán en vigencia el 8 de julio de 1995.

El jefe de gabinete de ministros será designado por primera vez el 8 de julio de 1995, hasta esa fecha sus facultades serán ejercitadas por el presidente de la República.

(Corresponde a los artículos 99 inciso 7, 100 y 101.)

Decimotercera. A partir de los trescientos sesenta días de la vigencia de esta reforma, los magistrados inferiores solamente podrán ser designados por el procedimiento previsto en la presente Constitución. Hasta tanto se aplicara el sistema vigente con anterioridad.

(Corresponde el **Artículo** 114.)

Decimocuarta. Las causas de trámite ante la Cámara de Diputados al momento de instalarse el Consejo de la Magistratura, les serán remitidas a efectos del inciso 5 del **Artículo** 114. Las ingresadas en el Senado continuaran allí hasta su terminación.

(Corresponde al **Artículo** 115.)

Decimoquinta. Hasta tanto se constituyan los poderes que surjan del nuevo régimen de autonomía de la ciudad de Buenos Aires, el Congreso ejercerá una legislación exclusiva sobre su territorio, en los mismos términos que hasta la sanción de la presente.

El jefe de gobie

o será elegido durante el año mil novecientos noventa y cinco.

La ley prevista en los párrafos segundo y tercero del **Artículo** 129, deberá ser sancionada dentro del plazo de doscientos setenta días a partir de la vigencia de esta Constitución.

Hasta tanto se haya dictado el Estatuto Organizativo la designación y remoción de los jueces de la ciudad de Buenos Aires se regirá por las disposiciones de los artículos 114 y 115 de esta Constitución.

(Corresponde al **Artículo 129.**)

Decimosexta. Esta reforma entra en vigencia al día siguiente de su publicación. Los miembros de la Convención Constituyente, el presidente de la Nación Argentina, los presidentes de las Cámaras Legislativas y el presidente de la Corte Suprema de Justicia prestan juramento en un mismo acto el día 24 de agosto de 1994, en el Palacio San José Concepción del Uruguay, provincia de Entre Ríos.

Cada poder del Estado y las autoridades provinciales y municipales disponen lo necesario para que sus miembros y funcionarios juren esta Constitución.

Decimoséptima. El texto constitucional ordenado, sancionado por esta Convención Constituyente, reemplaza al hasta ahora vigente.

DADA EN LA SALA DE SESIONES DE LA CONVENCIÓN NACIONAL CONSTITUYENTE, EN SANTA FE, A LOS VEINTIDÓS DÍAS DEL MES DE AGOSTO DE MIL NOVECIENTOS NOVENTA Y CUATRO.

Libros a la carta

A la carta es un servicio especializado para
empresas,
librerías,
bibliotecas,
editoriales
y centros de enseñanza;
y permite confeccionar libros que, por su formato y concepción, sirven a los propósitos más específicos de estas instituciones.

Las empresas nos encargan ediciones personalizadas para marketing editorial o para regalos institucionales. Y los interesados solicitan, a título personal, ediciones antiguas, o no disponibles en el mercado; y las acompañan con notas y comentarios críticos.

Las ediciones tienen como apoyo un libro de estilo con todo tipo de referencias sobre los criterios de tratamiento tipográfico aplicados a nuestros libros que puede ser consultado en Linkgua-ediciones.com .

Linkgua edita por encargo diferentes versiones de una misma obra con distintos tratamientos ortotipográficos (actualizaciones de carácter divulgativo de un clásico, o versiones estrictamente fieles a la edición original de referencia).

Este servicio de ediciones a la carta le permitirá, si usted se dedica a la enseñanza, tener una forma de hacer pública su interpretación de un texto y, sobre una versión digitalizada «base», usted podrá introducir interpretaciones del texto fuente. Es un tópico que los profesores denuncien en clase los desmanes de una edición, o vayan comentando errores de interpretación de un texto y esta es una solución útil a esa necesidad del mundo académico.

Asimismo publicamos de manera sistemática, en un mismo catálogo, tesis doctorales y actas de congresos académicos, que son distribuidas a través de nuestra Web.

El servicio de «libros a la carta» funciona de dos formas.

1. Tenemos un fondo de libros digitalizados que usted puede personalizar en tiradas de al menos cinco ejemplares. Estas personalizaciones pueden ser de todo tipo: añadir notas de clase para uso de un grupo de estudiantes, introducir logos corporativos para uso con fines de marketing empresarial, etc. etc.

2. Buscamos libros descatalogados de otras editoriales y los reeditamos en tiradas cortas a petición de un cliente.